© 2021, Vista Higher Learning, Inc.
500 Boylston Street, Suite 620.
Boston, MA 02116-3736
www.vistahigherlearning.com
www.loqueleo.com/us

© Del texto: 2001, Georgina Lázaro León

Dirección Creativa: José A. Blanco
Director Ejecutivo de Contenidos e Innovación: Rafael de Cárdenas López
Desarrollo Editorial: Lisset López, Isabel C. Mendoza
Diseño: Paula Díaz, Daniela Hoyos, Radoslav Mateev, Gabriel Noreña,
    Andrés Vanegas
Coordinación del proyecto: Brady Chin, Tiffany Kayes
Derechos: Jorgensen Fernandez, Annie Pickert Fuller
Producción: Oscar Díez, Sebastián Díez, Andrés Escobar, Daniel Lopera,
    Adriana Jaramillo, Daniela Peláez
Ilustraciones: Olga Cuéllar

Mi caballo
ISBN: 978-1-5433-3411-1

Published in the United States of America

1 2 3 4 5 6 7 8 9 GP 26 25 24 23 22 21

Mi caballo

Georgina Lázaro León

Ilustraciones de Olga Cuéllar

VISTA®
HIGHER LEARNING

SANTILLANA USA

A José Alberto,
que aún conserva su caballito de palo,
esperando que al crecer
no pierda su capacidad para soñar.

Tengo un caballo de palo.
Me lo hizo mi mamá
y cuando cumplí tres años
me lo quiso regalar.

Son dos botones de nácar
sus ojos grandes, redondos,
que mamá encontró buscando
en el cajón, hacia el fondo.

Yo lo miro y él me mira
con sus ojos asombrados.
Muchas veces me pregunto
si es que se siente asustado.

Son sus bridas de colores
cintas de varios tamaños
con algunos cascabeles
guardados por muchos años.

Sus crines: blancas, preciosas,
hechas del hilo de lana
con que le tejió mi abuela
aquella estola a mi hermana.

Con sus orejas me escucha.
Están formadas de fieltro
y se ponen derechitas
cada vez que yo me acerco.

Su piel es tan suavecita…
Y es muy bonita, además.
Está hecha con la tela
de un traje de mi mamá.

Y su cuerpo… ya lo dije,
es de palo y nada más,
de una escoba ya viejita
y cansada de limpiar.

Fue mi caballo querido
fabricado con retazos,
cosido con ilusiones,
regalado en un abrazo.

15

Montado en él he tenido
muchísimas aventuras.
He recorrido la tierra,
he llegado hasta la luna.

He subido altas montañas,
trotado por anchos valles,
he cruzado muchos ríos
y también algunos mares.

Es tan noble mi caballo
que aunque no sabe volar
me ha llevado por los aires
por quererme acompañar…

… persiguiendo mi cometa
que una tarde se escapó
y se fue tras una nube
que un ojito le guiñó.

Con él fui a buscar tesoros
de corsarios y piratas,
y llené sus dos alforjas
de ilusiones de oro y plata.

Me ha llevado por las selvas
y desiertos muy lejanos,
y me ha traído de vuelta
muy cansado, pero sano.

Con él he sido un vaquero,
he sido el Cid Campeador,
don Quijote de la Mancha
o simplemente un pastor.

También he sido astronauta,
explorador de planetas,
descubridor de galaxias,
coleccionista de estrellas.

Me ha hecho feliz mi caballo.
Me ha acompañado en mis sueños,
y ahora que soy grandecito
hace dulces mis ensueños.

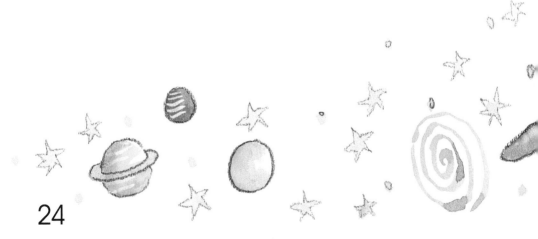

Está pastando en mi cuarto.
Se ha tenido que quedar
porque ya voy a la escuela
y no lo puedo llevar.

Pero al llegar en la tarde
él me llama con su encanto
y lo monto y él relincha…
¡Soy grande, pero no tanto!